L'INTERNATIONALE

PAR

Ennemond PERIER.

Extrait de la Revue catholique des Institutions et du Droit.

GRENOBLE,

BARATIER FRÈRES ET DARDELET, IMPRIM.-LIBRAIRES,

Grand'rue, 4.

1873

L'INTERNATIONALE

PAR

Ennemond PERIER.

(Extrait de la *Revue catholique des Institutions et du Droit.*)

L'INTERNATIONALE[1]

Les catastrophes qui sont venues fondre sur la France, jadis si fière de sa civilisation et de ses succès, celles qui la menacent encore, ont fait tomber bien des illusions. On avait pu croire que de profonds politiques, des penseurs éminents possédaient le secret qui devait guérir tous les maux de la société. Aujourd'hui ces espérances chimériques sont impossibles.

Le mal a marché, les questions politiques ne sont plus rien, la question sociale est tout, et cette question sociale se présente sous une forme que l'on n'avait jamais entrevue : guerre à Dieu, guerre à la famille, guerre à la propriété, guerre à la patrie. Une société formidable que nous avons vue apparaître il y a peu d'années, semble personnifier cette guerre, c'est l'*Internationale*. Son rôle dans les derniers événements a été des plus évidents et des plus actifs. — Aussi, le gouvernement français s'en est ému : il a proposé, et l'Assemblée nationale a adopté le 14 mars 1872, une loi pour proscrire cette association. Y parviendra-t-on ?

La réponse n'est pas douteuse ; ce n'est pas en édictant un acte législatif que l'on peut atteindre un pareil résultat.

---

(1) Cet article a été écrit à l'occasion de la publication des deux excellentes brochures suivantes :

1° *Considérations sur l'Internationale*, par le P. Curci, traduit de l'italien par le comte de Caix de Saint-Aymour; Paris, Bray et Retoux, rue Bonaparte, 82, 1872. La reproduction, en tout ou en partie, de cette brochure, est réservée.

2° *L'Internationale et la Question sociale*, par M. Claudio Jannet. Paris, Durand, rue Cujas, 7; Douniol, rue de Tournon, 29, 1871.

Aussi, sommes-nous heureux de signaler aujourd'hui, sur ce sujet intéressant à tant de titres, un livre écrit en italien par le P. Curci. Il serait encore inconnu en France, sans la traduction que vient de faire paraître M. le comte de Caix de Saint-Aymour. L'auteur se plaçant à un point de vue chrétien, signale le mal et le remède; il se borne, il est vrai, à indiquer en peu de mots les doctrines de l'*Internationale*, de cette société qui ne représente que négation ; mais il s'étend davantage sur l'origine et le développement de la situation fatale en face de laquelle nous nous trouvons.

«... L'*Internationale*, dit-il, arrive à merveille pour nous représenter d'un côté la dernière expression de l'état moral auquel l'Europe a été conduite depuis quatre-vingts ans de négations, de séductions, d'erreurs, de fautes et de destructions sans nombre et sans nom, et pour s'offrir, d'un autre côté, comme *nouvelle forme de l'ancien antagonisme entre les riches et les pauvres*. Voilà donc les deux points de vue sous lesquels on peut considérer l'*Internationale*; c'est : 1º la dernière conséquence logique de la Révolution; et 2º la nouvelle forme de la lutte du pauvre contre le riche. »

A l'égard de la fondation et du développement de l'*Internationale*, nous sommes heureux de transcrire ici quelques passages d'une autre brochure publiée sous le titre de l'*Internationale et la Question sociale*, en 1871, par M. Claudio Jannet.

« C'est à la suite de l'exposition de Londres de 1862, où les ouvriers de différents pays s'étaient rencontrés, que l'Internationale prit naissance. Sa fondation fut arrêtée dans un meeting tenu à Saint-Martin Hall, le 28 septembre 1864, en faveur de la Pologne, par l'initiative d'un certain nombre d'ouvriers français et anglais. Un conseil général, pris parmi les promoteurs, fut chargé de propager l'association et de convoquer ce premier congrès pour 1866.

» Le même jour le programme officiel fut arrêté :

Considérant que l'émancipation des travailleurs doit être l'œuvre des travailleurs eux-mêmes... Que l'assujettissement du travailleur au capital est la source de toute servitude publique, morale et matérielle, et que pour cette raison, l'émancipation économique du travailleur est le grand but auquel doit être subordonné tout mouvement politique :

ART 1er. — Une association est établie pour procurer un point central de communication et de coopération entre les ouvriers de différents pays aspirant au même but, savoir : le concours mutuel, le progrès et le complet affranchissement de la classe ouvrière.

ART. 2. — Le nom de cette association sera *Association internationale des travailleurs.* »

» Les véritables doctrines de l'Internationale et le but qu'elle poursuit sont très-clairement exprimés dans les résolutions de ses congrès.

» En 1869, le congrès de Bâle vote à une très-forte majorité :

1º La société a le droit d'abolir la propriété individuelle du sol et de faire rentrer le sol à la communauté.

2º Il y a nécessité de faire rentrer le sol dans la propriété collective.

» C'est donc l'établissement du communisme, la spoliation de tous les propriétaires, la réquisition du capital, l'administration du sol et du capital par l'Etat, que l'Internationale promet sous le nom d'émancipation des travailleurs.

» Et cet Etat qui doit se substituer au propriétaire, c'est l'Internationale elle-même, avec son organisation et ses chefs qui, naturellement, deviendront les administrateurs de la propriété collective.

» Le conseil général de Londres, au mois de juillet 1869, a admis dans l'association, malgré l'opposition de plusieurs sections suisses, la section de l'*Alliance de la démocratie socialiste*, qui a pour fondateur le socialiste Brun Bakoummi, et dont le programme est ainsi conçu :

L'Alliance se déclare athée ; elle veut l'abolition des cultes, la substitution de la justice humaine à la justice di-

vine, l'abolition du mariage, en tant qu'institution politique, religieuse, juridique et civile.

» Les derniers décrets de la Commune de Paris qui ont assi-
milé les enfants légitimes et les enfants naturels, en déclarant
que la Commune adoptait ces derniers, de façon à ce que ce
titre fût digne d'envie, montrent assez ce que la famille de-
viendrait dans la société nouvelle que l'Internationale
cherche à établir par l'incendie de nos villes et l'assassinat
de tous ceux qui possèdent. Le modeste foyer du petit propriétaire, avec tout ce qu'il renferme de traditions et de vertus,
est destiné à périr comme l'usine et le château (1). »

Pour aller à la source de l'idée de l'Internationale, nous
devons dire que la distinction entre le riche et le pauvre a
toujours existé et existera toujours, c'est l'Evangile lui-même
qui nous en avertit.

Or, il y a un antagonisme qui naît naturellement dans l'esprit
du pauvre, s'il n'est dominé par d'autres idées morales. Et si
cet antagonisme va jusqu'à la pensée de la guerre à outrance,
à l'union de toutes les forces de ceux qui ne vivent que de
leur travail et qui sont les plus nombreux, pour tendre à l'ex-
propriation de ceux qui possèdent et qui sont compris sous le
nom générique de *capital*, nous arrivons à la véritable notion
de l'*Internationale*.

Il serait facile de démontrer que l'espérance de voir égaliser
toutes les fortunes et tomber la distinction du pauvre et du
riche est une utopie. Nous nous en tenons à la parole de
l'Evangile : *Vous aurez toujours des pauvres parmi vous.* Il
n'y a que deux solutions du problème de la paix entre le
pauvre et le riche, la solution païenne et la solution chrétienne.

La solution païenne a été indiquée par M. Auzias, dans son
excellent travail sur le *vrai fondement des institutions et du*

---

(1) L'*Internationale et la Question sociale*, par M. Claudio Jannet,
Paris, Durand et Pedone Lauriel.

droit, § 1er. C'est l'esclavage qui fait descendre le pauvre au rang des choses sur lesquelles le domaine de l'homme s'exerce, comme sur tout autre objet mobilier. Quand il est ainsi comme annihilé, une certaine paix à la surface s'établit par la force.

La solution chrétienne est celle de l'Evangile :

Il prêche au riche la charité, la bonté, l'aumône ; tandis qu'au pauvre il fait entrevoir, après les labeurs et les misères de la vie présente, une récompense éternelle accordée à la patience et à la vertu. La paix, qui est alors véritable, s'établit par l'espérance et l'amour.

C'est ce qui arrivait dans l'ancienne société chrétienne. Quant à l'ouvrier, n'était-il pas plus heureux avec un maître chrétien qu'avec un spéculateur cupide ? Dans les cas de chômages, n'y avait-il pas les secours organisés par l'Eglise, les pieuses institutions, les confréries et les corps d'état ?

Le Christianisme avait fait des riches et même des rois les serviteurs des pauvres. Ecoutons ce que les chroniques du temps disent de saint Louis.

« Chaque jour de l'année, treize pauvres étaient nourris dans la maison du Roi, et trois d'entre eux étaient assis à une table particulière près du saint Roi, tandis que les autres mangeaient dans une salle voisine. Le Roi voulait qu'on choisît pour les mettre à la petite table près de lui les trois pauvres les plus misérables qui pouvaient être trouvés, et il servait plus volontiers ceux-là que les autres.

» Un jour que le béni Roi traversait la ville de Châteauneuf-sur-Loire, une pauvre vieille femme qui tenait du pain dans la main lui dit : « Bon Roi, ce pain de ton aumône soutient mon mari qui gît ici malade. » Le Roi prit alors le pain dans la main, et lui dit : « Il est dur ce pain, » et s'informant du lieu où était le malade, il entra dans la maisonnette et le visita.

» La Normandie ayant eu beaucoup à souffrir une année, de la cherté de vivres, le Roi y fit transporter de pleins tonneaux d'argent sur des chars traînés par quatre chevaux. C'étaient de semblables attelages qui transportaient de Normandie à Paris les deniers de l'impôt. Et le saint Roi restituait ainsi aux provinces dans les années de disette ce qu'elles lui avaient donné en des temps d'abondance.

« Il y eut une année par toute la France grande cherté de pain, de vin et de toutes viandes ; sachez que cette année le setier de blé valait à Paris 20 sols parisis ; dont les pauvres gens étaient si atteints de famine, que plusieurs eussent été morts de famine, si ne fussent les grands biens que le Roi Louis faisait à Paris et parmi le royaume. Et les barons et prélats, qui prenaient exemple aux bienfaits du Roi, faisaient ainsi. Par quoi les pauvres gens furent moult soutenus (1). »

C'est ainsi que la patience et l'espérance d'un côté, la charité de l'autre, reliaient entre eux le riche et le pauvre, en effaçant la distance qui les sépare.

La Révolution a changé tout cela ; les nouveaux gouvernements depuis 80 ans ont fait un divorce complet avec le Christianisme.

Alors on a pillé les biens de l'Eglise, et le trésor public a été plus pauvre que jamais ; alors on a laïcisé le gouvernement, et le seul frein qui pût retenir cet antagonisme dont nous parlions, ayant disparu, le *communisme, le socialisme* puis l'*Internatinale* se sont montrés.

Une autre cause de démoralisation a influé sur les mœurs publiques et a achevé de détruire l'influence bienfaisante du Christianisme, c'est le culte et l'idolâtrie de l'argent. Dès que la fortune a été le seul objectif pour toutes les classes, tous les moyens ont paru bons pour y arriver. Ce n'est pas tout : comme, en somme, l'idée de vengeance répugne, l'idée de justice a été présentée au peuple, comme moyen de jouir à son tour à la place de ceux qui ont joui avant lui. Et c'est ainsi que l'Internationale se présente à la classe ouvrière, comme portant le drapeau du droit des peuples.

---

(1) *Vie intime de saint Louis*, du R. P. Cros, p. 325 à 340.

L'auteur de la brochure ajoute une troisième cause, c'est l'excès de la grande industrie. Nous devons ici faire quelques réserves. Le P. Curci a peut-être été moins à même d'étudier cette question que les deux précédentes.

Il convient en effet que la grande industrie est encore à l'état d'enfantement en Italie. Quant à nous, il nous semble que si les ouvriers et les patrons d'une grande industrie étaient chrétiens, elle ne saurait constituer un danger social. La plaie de la grande industrie, son danger, c'est que des spéculateurs, après avoir fait baisser les salaires par un certain monopole qu'ils se sont créés à l'aide de grands établissements, amènent l'ouvrier à un état de misère qui rend impossible pour lui le soutien d'une famille. C'est alors que la haine de l'*oppression* et le désir de l'*émancipation* entre dans son cœur. Il faut rétablir les choses à leur vrai point de vue et reconnaître dans l'industrie, le *capital intellectuel* et le *capital argent*.

L'industriel qui a créé une usine est obligé de faire assez de bénéfices non-seulement pour pourvoir aux besoins de sa famille, mais encore pour amortir le capital employé à la création de l'établissement; de plus il a à subir lui aussi des concurrences et des chômages. Il a des avances considérables à recouvrer; il est donc juste que ses bénéfices soient plus considérables que ceux de l'ouvrier qui donne simplement son temps. C'est là un point de vue qui a peut-être échappé au P. Curci et dont il faut tenir compte. Il faut faire comprendre à l'ouvrier que sa rémunération pour être juste ne peut être égale à celle du patron. De son côté, si celui-ci est religieux, il comprendra avec quelle bonté, quelle douceur il doit traiter l'ouvrier; qu'il doit l'assister dans les moments difficiles et calculer les salaires de façon à lui permettre de trouver pour sa famille une honnête aisance. Si l'ouvrier de son côté a des sentiments chrétiens, il est clair que la question est résolue.

Mais en l'état actuel, la société entière est dans les conditions les plus funestes. D'un côté, la position des ouvriers est extrêmement misérable, alors surtout que les idées chrétiennes étant abandonnées, ils n'aspirent plus qu'à la satisfaction de leurs appétits matériels avec la haine du riche dans le cœur.

D'un autre côté cependant, par suite des idées révolutionnaires qui ont bouleversé les saines idées, il se nomme le *peuple souverain ;* et si ce peuple souverain a pu dépouiller l'Eglise, renverser ses rois, détruire les établissements religieux, pourquoi n'irait-il pas jusqu'au bout des conséquences du système, et s'il se trouve le plus fort, pourquoi ne renverserait-il pas toute propriété ?

Mais si le mal est immense, il résulte de tout ce qui précède que la Religion et l'Eglise ont seules entre les mains le moyen radical de le guérir, en faisant que le pauvre et l'ouvrier n'arrêtent plus leur pensée aux seuls intérêts du temps, mais la portent aussi sur les intérêts éternels, et en rendant, d'un autre côté, le riche charitable et bon.

L'autorité publique ne peut que prévenir et réprimer ; les gouvernements sont, il est vrai, les protecteurs de la propriété, mais y a-t-il beaucoup à attendre d'eux ? et certains Etats ne professent-ils pas des doctrines qui se rapprochent de celles qu'ils auraient à combattre ?

Quant à l'armée, pendant quelque temps peut-être, elle combattra les ennemis de la religion, de la patrie, de la propriété, parce qu'elle se compose en grande partie d'hommes de la campagne plus imprégnés d'idées chrétiennes que les ouvriers des villes ; mais si on laisse à la révolution le temps de couronner son œuvre, il viendra un moment où il y aura dans l'armée trop d'affiliés aux sociétés secrètes, pour qu'ils puissent les combattre.

Quand et comment donc finira la situation actuelle, se demande, en terminant, le père Curci. Il est difficile de préciser et l'époque et le moyen ; ce qu'il y a de sûr, c'est que le mouvement de démoralisation, loin de s'arrêter, s'étend et gagne les campagnes elles-mêmes.

« La foule innombrable des travailleurs, c'est-à-dire des pauvres, a été l'instrument que la bourgeoisie voltairienne a préparé de longue main, et dont elle s'est servie pour accomplir la révolution. »

Aujourd'hui, les ouvriers vont plus loin : la guerre est ouverte contre cette bourgeoisie même, qu'ils qualifient de décrépite et de pourrie.

La bourgeoisie avait, en mettant le peuple en avant, créé une question politique ; le peuple, l'ouvrier, chassant la bourgeoisie et tout ce qui possède, tourne la question politique en question sociale.

Comment tout cela finira-t-il ?

« Tout annonce, dit le père Curci, que cette fin sera universelle et violente, parce qu'elle aura atteint son but. »

Cependant il est impossible que le *communisme* s'implante d'une manière permanente ; l'*Internationale* pas davantage ; parce qu'un désordre complet ne peut durer toujours ; il finit par un ordre quelconque, mais lequel ? Ou bien, tout finira par l'oppression des plus faibles par les plus forts ; et ce sera la solution païenne dont nous avons parlé plus haut. Ou bien, si l'Eglise reprend son action, tout finira par la solution chrétienne.

« Qu'on le remarque bien, dit le père Curci, ce n'est pas l'Eglise qui est malade, mais la société formée par le Christianisme qui est agonisante, » parce qu'elle se sépare de son principe de vie.

Ainsi la vie chrétienne et l'action de l'Eglise circulant dans la société, tel est le remède qu'indique l'auteur du livre que nous examinons.

Nous regrettons qu'il n'ait pas ici développé d'une façon plus complète son système. La question ouvrière ou la question sociale est posée, elle exige une solution. Il est certain que si le règne de l'Evangile est reconnu par tous, les abus disparaîtront et la société reposera sur ses bases véritables. Mais en travaillant à répandre les doctrines chrétiennes, ne faut-il pas aussi faire pénétrer cet élément dans les institutions sociales ? Ne faudrait-il pas créer au profit des ouvriers des associations chrétiennes ; ne faudrait-il pas assurer avec la prospérité matérielle, les avantages moraux que la Religion seule peut procurer? Ne faudrait-il pas établir un tribunal pour prononcer entre les ouvriers et les patrons, etc., etc.

Ce sont là autant de questions que l'Internationale fait naître et bien d'autres encore. Le P. Curci ne les a pas traitées; mais pour celles qu'il a abordées, il les a envisagées avec une sûreté et une profondeur de vues vraiment remarquables ; son travail gagnera beaucoup à être connu en France, et nous devons remercier encore une fois M. le comte de Caix de Saint-Aymour, de l'avoir traduit en français avec un soin aussi consciencieux.

M. Claudio Jannet complète, à l'égard du côté pratique, ce qui manque au travail du P. Curci.

« Les chefs d'industrie, dit-il, ont dans la situation présente une responsabilité toute particulière. L'avenir de la société est entre leurs mains. Beaucoup s'inspirent de pensées élevées, mais il faut que sous la terrible impulsion des événements, le plus grand nombre arrive à comprendre qu'ils ont charge d'âmes, et qu'ils doivent subordonner au bien-être de leurs coopérateurs les exigences de leur industrie. Ce n'est pas seulement par des institutions philanthropiques et des sacrifices pécuniaires qu'ils pourront remplir cette grande mission ; c'est avant tout par l'exemple, par l'action personnelle. Mais pour cela il faut qu'une réforme morale, profonde, s'appuyant sur les forces intimes qui agissent sur les âmes, fasse tomber les barrières que le luxe, l'esprit de jouissance et de lucre élèvent de nos jours entre les hommes, et qui les séparent bien plus profondément que la distinction de classes des temps passés.

» Les pouvoirs publics ont aussi à intervenir. Ils pourront fixer le *maximum* de la journée du travail, réglementer le travail des femmes et des enfants dans les manufactures, comme plusieurs États de l'Amérique l'ont déjà fait.

» La question de la colonisation ne peut non plus être négligée. Pour tous ceux qui étudient l'ensemble du problème social, il est évident que la colonisation est un organe indispensable à l'existence des sociétés avancées en richesse et en population. C'est grâce aux nombreuses colonies qui depuis trois siècles émigrent de la mère-patrie, que l'Angleterre a réussi jusqu'à présent à conjurer la crise sociale que tant d'éléments particuliers surexcitaient chez elle. L'Algérie et sa colonisation devront être une des grandes préoccupations du gouvernement de la France.

» Mais par-dessus tout, le gouvernement devra s'associer à la réforme morale que l'heure présente réclame ; car quels que soient les efforts des classes qui possèdent le sol et le capital pour revenir dans une meilleure voie, elles seront impuissantes si l'autorité publique ne leur donne pas cette impulsion qui est son devoir propre et que rien ne supplée ; l'expérience le démontre en dépit des théories (1). »

Il faut donc espérer que le gouvernement, suivant les voies de la civilisation chrétienne, fera à la Religion la part qui est indispensable à la conservation de la société.

---

(1) L'*Internationale et la Question sociale*, par M. Claudio Jannet.

---

100. — Grenoble, imprimerie Baratier. — 8567.